Boostez votre indépendance artistique

L'ART DE L'EXPOSITION

Trucs et Astuces pour Organiser, Promouvoir et Réussir vos Expositions Artistiques.

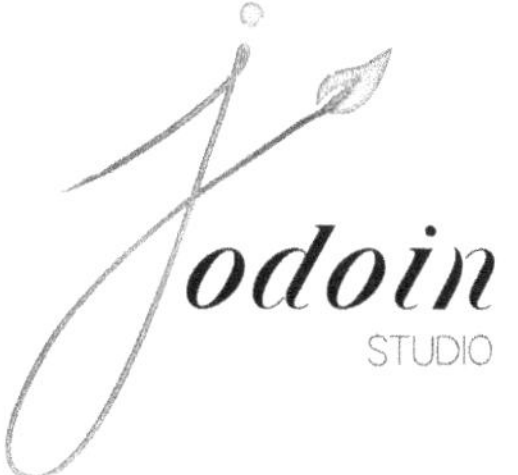

Droit d'auteur

©2024 par Jodoin Studio. Tous droits réservés.

Aucune partie de cette publication ne peut être reproduite, distribuée ou transmise sous quelque forme que ce soit, y compris la photocopie, l'enregistrement ou tout autre moyen électronique ou mécanique, sans l'autorisation préalable écrite de l'éditeur, sauf dans le cas des brèves citations incorporées dans des critiques ou des articles de presse.

Pour obtenir l'autorisation de reproduire des parties de ce livre, veuillez contacter :

Jodoin Studio

jodoinstudio@gmail.com

Toutes les marques de commerce et marques déposées mentionnées dans ce livre sont la propriété de leurs propriétaires respectifs.

ISBN : 978-2-924192-01-6 (PDF)

978-2-924192-02-3 (Br.)

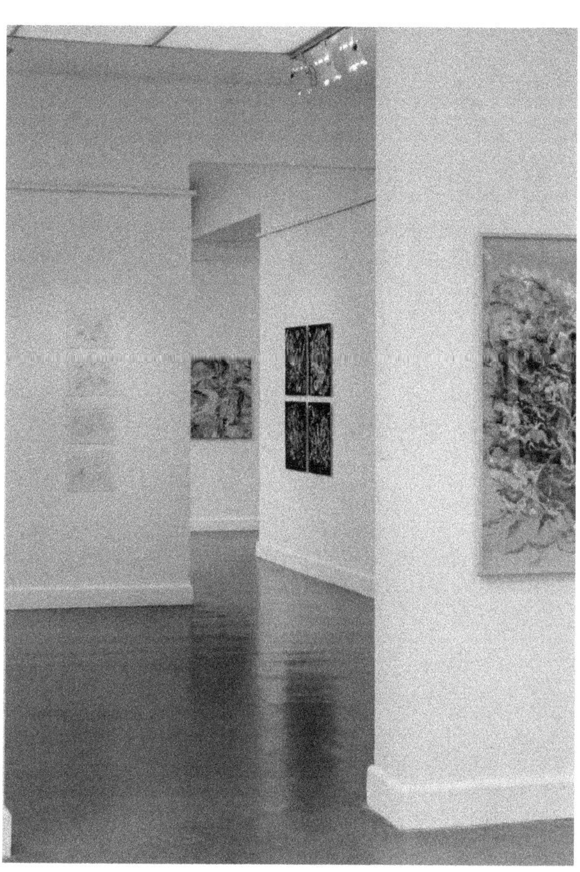

Alors, vous avez envie de prendre votre carrière artistique en main et de planifier vous-même des événements personnels ou collaboratifs pour faire connaitre votre travail ? Peu importe ce qui vous pousse et le type d'événement que vous avez en tête (portes ouvertes, salle en location ou centre culturel...), prendre en main partiellement ou totalement l'organisation de votre exposition vous permet d'être aux commandes et de concrétiser un projet qui vous ressemble.

Organiser une exposition c'est chouette, mais cela nécessite des ressources matérielles, du temps, de l'argent et l'aide d'autres personnes à certains moments.

Avant de vous lancer, interrogez-vous sérieusement.

Que voulez-vous présenter et pourquoi ? Quel est le but de l'exposition ? Vendre vos oeuvres, vous faire connaitre localement ? Améliorer votre CV ? Avez-vous des amis ou de la famille qui peuvent vous aider ? Voulez-vous organiser une exposition locale ou régionale ? De quelle durée ?

Est-ce que le temps que vous mettrez à organiser votre exposition en vaudra la peine ? Vous sentez-vous stimulé à l'idée d'organiser un tel événement ? En avez-vous vraiment le temps ?

Est-ce que cela vous offrira la visibilité dont vous avez besoin ? Est-ce que vous pourrez rejoindre votre public cible ? Est-ce la bonne saison ?

Pourrez-vous obtenir une couverture médiatique décente ? Avez-vous déjà des personnes qui suivent votre carrière ? Devez-vous organiser une exposition solo ou serait-il préférable de collaborer avec d'autres artistes ? Ou d'autres partenaires peut-être.

Bref, organiser une exposition de peinture peut être une expérience gratifiante, mais cela demande une planification minutieuse et une exécution soignée. Suivez ce guide étape par étape pour garantir le succès de votre exposition, du début de la création jusqu'au vernissage et même après.

Table des Matières

“ Ne jamais déranger
autrui pour ce que
l'on peut faire soi-même".

- Thomas Jefferson

01

CONCEVOIR LE PROJET

1.1 Définir quel genre d'exposition vous voulez

Après réflexion, vous avez décidé de vous lancer et que cela en valait la peine pour vous. Maintenant, prenez le temps de répondre spécifiquement aux questions suivantes :

Quel est le but de cette exposition ?

Quelle est votre clientèle-cible ?

Quel est le meilleur moment, la meilleure saison pour une telle exposition ?

Est-ce que vous voulez organiser une exposition solo ou de groupe ?

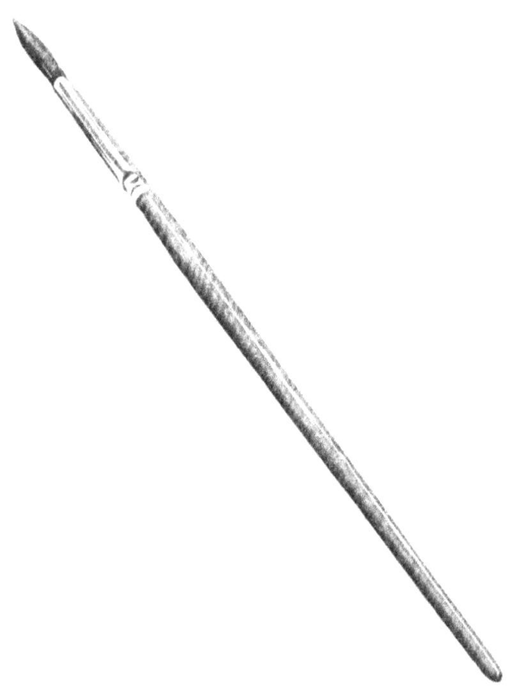

1.2 Définir le thème de l'exposition

Avoir une thématique pour une exposition d'art apporte de nombreux avantages et enrichit l'expérience tant pour l'artiste que pour le public. Voici quelques raisons pour lesquelles il est utile d'avoir une thématique :

- Une thématique donne une direction et une cohérence à l'ensemble de l'exposition. Cela permet de créer une unité visuelle et conceptuelle entre les œuvres présentées, offrant ainsi une expérience harmonieuse pour les visiteurs.

- Cela permet également de raconter une histoire ou de transmettre un message à travers les œuvres exposées. Cela donne un contexte aux créations, favorisant une compréhension beaucoup plus profonde et une connexion émotionnelle.

- Une thématique peut vous inspirer à explorer de nouvelles idées, à expérimenter différentes techniques et à créer des œuvres innovantes. Elle stimule la créativité en offrant un cadre dans lequel vous pouvez vous exprimer de manière originale.

- Les visiteurs peuvent être attirés par une exposition qui propose une exploration approfondie d'un sujet spécifique. Une thématique suscite l'intérêt, incitant le public à réfléchir et à interagir davantage avec les œuvres exposées. La thématique incite à la réflexion et à la discussion, aussi bien parmi les artistes qu'avec les visiteurs. Elle encourage l'échange d'idées et la diversité des interprétations.

- De plus, cela peut démarquer votre exposition des autres, attirant l'attention des médias, des critiques et du public. Cela crée une identité unique pour l'événement.

- Une thématique forte facilite la promotion de l'exposition en fournissant un point central pour les efforts de marketing. Elle permet de créer des messages percutants et de susciter l'engagement du public.

- Une thématique fournit un cadre structuré pour l'organisation et la planification de l'exposition. Cela aide à prendre des décisions cohérentes quant à la sélection des œuvres, à la disposition des espaces, etc.

Choisissez un ou quelques tableaux qui refléteront au mieux votre thématique. Ces images serviront à la promotion de votre exposition en donnant facilement un contexte.

En résumé, une thématique apporte une profondeur, une signification et une direction à une exposition d'art, rendant l'expérience artistique plus significative et mémorable pour tous les participants.

TROUVER UN TITRE

Maintenant que vous avez trouvé votre thématique, il faut trouver un titre à votre exposition. Trouver un titre approprié pour une exposition d'art est crucial pour :

- Capturer l'essence de l'exposition : Le titre de l'exposition devrait refléter le thème, le concept ou le message central que vous souhaitez transmettre à travers vos œuvres. Il doit être évocateur et intrigant, donnant aux spectateurs un aperçu de ce qu'ils peuvent attendre en visitant l'exposition.

- Créer de l'engagement : Un titre accrocheur peut susciter la curiosité et inciter les gens à vouloir en savoir plus sur l'exposition. Il peut créer un sentiment d'anticipation et d'excitation chez les visiteurs, les encourageant à venir découvrir votre travail.

- Faciliter la promotion : Un titre mémorable et distinctif peut faciliter la promotion de votre exposition en servant de point focal dans vos efforts de marketing. Il peut être utilisé sur les affiches, les invitations, les publications sur les réseaux sociaux et autres supports promotionnels pour attirer l'attention du public.

Mais comment trouver un titre pour votre exposition ? Essayez ceci :

- Analysez votre travail : Passez en revue vos œuvres et identifiez les thèmes récurrents, les motifs ou les idées qui se dégagent.
- Explorez des sources d'inspiration telles que des poèmes, des chansons, des citations, des œuvres littéraires ou des concepts philosophiques qui résonnent avec votre vision artistique. Ces éléments peuvent fournir des idées pour un titre évocateur.
- Soyez créatif : Ne vous limitez pas aux conventions habituelles. Expérimentez avec des jeux de mots, des expressions imagées ou des concepts abstraits pour trouver un titre unique et mémorable qui capture l'essence de votre exposition.
- Testez-le : Une fois que vous avez sélectionné quelques options de titres potentiels, demandez l'avis de collègues, d'amis ou de membres de votre réseau artistique. Organisez des séances de remue-méninges pour discuter des différentes options et choisir celle qui résonne le plus avec votre vision.

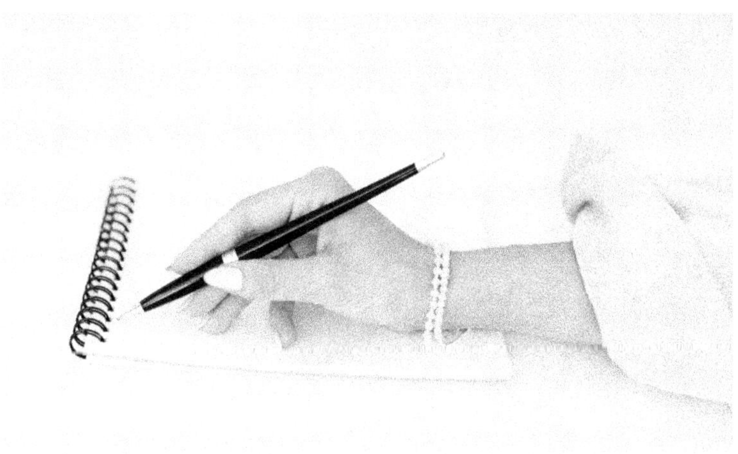

- Assurez-vous que le titre que vous choisissez est pertinent par rapport au contenu de l'exposition et qu'il communique clairement ce que les visiteurs peuvent attendre de l'événement.

- Choisissez un titre court et accrocheur qu'il sera facile de décliner sur plusieurs documents promotionnels, même les plus petits.

- N'oubliez pas de consulter Google lors de votre processus de sélection, afin de vérifier si le titre envisagé n'a pas déjà été utilisé dans un contexte similaire et d'éviter toute confusion potentielle.

En suivant ces conseils, vous pouvez trouver un titre qui non seulement représente fidèlement votre travail artistique, mais qui attire également l'attention et l'intérêt du public, contribuant ainsi au succès de votre exposition d'art.

1.3 Fixer une date et un lieu

Fixer une date pour une exposition d'art est une étape cruciale qui peut avoir un impact significatif sur le succès de l'événement. La fixation d'une date permet une planification précise de l'exposition, y compris la préparation des œuvres, la logistique, la promotion et d'autres aspects organisationnels. Évitez les conflits de dates avec d'autres événements majeurs dans la région afin de maximiser la participation et l'attention du public. Par contre, s'il s'agit d'autres expositions dans le même quartier ou la même ville, cela peut devenir un atout. Les amateurs d'art aiment jumeler les visites d'expositions et de galeries dans une même journée. Et comme votre art est unique, vous n'êtes pas en compétition avec les autres artistes et expositions. Vous vous enrichissez les uns les autres. S'il s'agit d'une exposition d'une seule journée, assurez-vous que la date choisie ne coïncide pas avec des jours fériés ou des vacances locales qui pourraient affecter la participation.

Pour une exposition collective, consultez les artistes participants pour vous assurer qu'ils sont disponibles à la date prévue.

Choisissez une date qui convient au public cible visé. Vérifiez la disponibilité des lieux, le temps nécessaire pour l'installation et le démontage, ainsi que d'autres aspects logistiques.

Meilleurs moments pour une exposition d'une ou deux journées :

- Week-ends : Les week-ends sont souvent populaires, car les gens ont plus de temps libre pour visiter des expositions.

- Soirées en semaine : Organiser une exposition en soirée en semaine peut attirer un public différent, notamment ceux qui travaillent pendant la journée.

- Périodes culturelles : Profitez des périodes culturelles, comme les festivals artistiques locaux, pour augmenter la visibilité.

Durée de l'exposition :

La durée optimale peut varier en fonction du type d'exposition, mais généralement :

- Courte durée : Les expositions éphémères peuvent créer un sentiment d'urgence et d'exclusivité, incitant les visiteurs à participer rapidement.

- Moyenne à longue durée : Pour des expositions plus étendues, comme celles dans des galeries d'art, centres communautaires ou autres, une durée d'une à trois semaines est souvent appropriée. Soyez conscient qu'une exposition prolongée peut vouloir dire pour vous beaucoup de temps sur place. En effet, les visiteurs aiment rencontrer l'artiste dans une exposition hors des galeries et musées. Quoiqu'il en soit, la plupart du temps, quelqu'un devra être sur place pour accueillir les visiteurs. De plus, votre présence peut vouloir dire plus de ventes. Les visiteurs achètent souvent une oeuvre après avoir entendu l'histoire de sa création, son contexte, votre propre histoire. Ils achètent alors plus qu'une oeuvre à exposer chez eux, ils achètent le souvenir de ce contact, l'émotion, l'histoire à raconter à leurs propres visiteurs.

En conclusion, choisir la bonne date pour une exposition d'art est crucial pour la planification, la participation et le succès global de l'événement. Il est essentiel de prendre en compte divers facteurs, tels que le public cible, la concurrence d'autres événements et les conditions logistiques.

Trouver un lieu adapté à la taille de l'exposition.

Choisir le bon lieu pour une exposition d'art est aussi très important pour le succès de l'événement. Voici quelques critères à prendre en compte pour déterminer si un lieu est approprié pour une exposition d'art :

Espace et aménagement :

- Taille de l'espace : Assurez-vous que le lieu offre suffisamment d'espace pour accueillir toutes les œuvres que vous prévoyez d'exposer, ainsi que pour le mouvement des visiteurs.
- Disposition : Vérifiez la disposition de l'espace pour vous assurer qu'il permet une circulation fluide et une bonne visibilité des œuvres.

Éclairage :

- Éclairage naturel et artificiel : L'éclairage doit mettre en valeur les œuvres d'art de manière optimale. Assurez-vous qu'il y a suffisamment de lumière naturelle ou des systèmes d'éclairage appropriés pour chaque pièce exposée.

Accessibilité :

- Emplacement : Choisissez un lieu facilement accessible pour le public, avec des options de transport à proximité.
- Accessibilité physique : Assurez-vous que le lieu est accessible aux personnes à mobilité réduite.

Thématique et style:

- Si cela est possible, le style et l'esthétique du lieu devraient être en harmonie avec la thématique de votre exposition, créant ainsi une expérience immersive pour les visiteurs.

Par exemple :

- Exposition d'oeuvres inspirées de l'histoire locale pourrait se faire dans un musée régional, la bibliothèque de la ville, un centre communautaire ou encore le centre d'information touristique.
- Exposition sur la nature pourrait se tenir dans un jardin botanique, dans un centre jardin ou même dans un zoo.
- Vous présentez plutôt des oeuvres abstraites, pourquoi ne pas le faire dans un centre des sciences, à l'université de votre ville ou encore dans une usine désaffectée.

Bref, laissez aller votre imagination pour organiser une exposition originale dont les visiteurs se souviendront longtemps.

Durée :

- Flexibilité de la durée : Vérifiez la disponibilité du lieu pour la durée souhaitée de l'exposition. Certains lieux peuvent avoir des contraintes de temps plus strictes que d'autres. Assurez-vous d'avoir assez de temps avant l'exposition pour bien préparer l'activité et après pour avoir le temps de ranger, de nettoyer, etc.

Conditions de sécurité :

- Assurez-vous que le lieu offre des conditions de sécurité adéquates pour les œuvres exposées, y compris des systèmes de surveillance.

- Garantissez que le lieu est sûr pour les visiteurs, avec des sorties de secours clairement indiquées.

Coûts :

- Vérifiez les coûts de location du lieu et assurez-vous qu'ils correspondent à votre budget et qu'il n'y a pas de frais supplémentaires, par exemple pour le nettoyage, l'entreposage, l'utilisation de l'équipement audiovisuel ou la surveillance.

Réputation du lieu :

- Historique d'événements similaires : Si possible, renseignez-vous sur la tenue d'autres événements artistiques dans ce lieu. La réputation passée du lieu peut influencer le succès de votre exposition.

Partenariats et réseaux :

- Certains lieux peuvent offrir des partenariats avec des organisations ou des sponsors locaux, ce qui peut renforcer la visibilité de l'exposition.

Règlements et contraintes :

- Assurez-vous que le lieu respecte les règlements locaux en matière d'organisation d'événements artistiques.

Avant de prendre une décision finale, assurez-vous de visiter le lieu, de discuter avec les responsables, et de poser toutes les questions nécessaires pour vous assurer que le lieu est parfaitement adapté à votre exposition d'art.

1.4 Budget et financement

L'estimation des coûts liés à une exposition de peintures ou autres œuvres artistiques nécessite une planification minutieuse aussi pour votre budget. Selon ce que vous ferez vous-même ou non, les frais varieront considérablement. Voici les éléments clés à prendre en compte lors de l'évaluation des coûts pour une exposition artistique :

Frais de location du lieu :

- Le coût du lieu où se déroulera l'exposition, que ce soit une galerie d'art, un espace événementiel ou tout autre endroit. À cela pourrait s'ajouter des frais de surveillance, de nettoyage, etc.

Promotion et marketing :

- Publicité : Budget pour la conception et la diffusion de matériel promotionnel, y compris affiches, dépliants, cartes et publicités en ligne.

- Relations presse : Coût éventuel des services d'un professionnel des relations presse pour maximiser la couverture médiatique.

Transport des oeuvres :

- Si les œuvres doivent être déplacées, prenez en compte les coûts de transport, d'emballage et d'assurance.

Assurance :

- Protégez les œuvres en souscrivant une assurance couvrant les dommages, le vol ou toute autre perte possible.

Vernissage et événements spéciaux :

- Cocktail d'ouverture : Prévoir un budget pour un vernissage ou tout événement spécial lié à l'exposition. Si vous pensez servir de la nourriture et des boissons, faites l'inventaire de ce que vous aurez besoin, y compris les nappes, assiettes, verres, serviettes de table, etc.

Frais techniques :

- Éclairage et son : Coûts liés à l'installation d'un éclairage approprié et d'un système sonore si nécessaire.
- Installation et démontage : Les frais liés à l'installation et au démontage des œuvres, y compris la main-d'œuvre si nécessaire.

Catalogue et supports de communication :

- Si vous prévoyez un catalogue imprimé, prenez en compte les frais de conception et d'impression.
- Cartes de visite et supports de communication : Coûts liés à la création et à l'impression de supports de communication.

Réception des visiteurs :

- Si vous prévoyez d'avoir du personnel pour accueillir les visiteurs, assurez-vous d'inclure ces coûts.

Honoraires des artistes :

- Rémunération des artistes : Si l'exposition implique plusieurs artistes, discutez des modalités de rémunération si cela est le cas.

Services techniques et logistiques :

- Services techniques : Tels que des services de sécurité, de nettoyage, etc.
- Matériel technique : Location ou achat de tout matériel technique nécessaire.

Frais administratifs :

- Les coûts de gestion, de permis et autres frais administratifs.

Frais d'encadrement :

- Selon le type d'oeuvres, il faut prévoir également le coût d'encadrement des oeuvres que vous désirez exposer.

Il est important de créer un budget détaillé en prenant en compte chaque aspect de l'exposition. N'hésitez pas à obtenir des devis et à négocier les coûts lorsque c'est possible. Assurez-vous également de disposer d'une marge pour les imprévus. En établissant un budget réaliste, vous pouvez mieux gérer les dépenses et maximiser le succès de votre exposition artistique.

Le financement

Le financement d'une exposition d'art peut provenir de diverses sources, allant du financement privé au soutien institutionnel. Voici quelques sources potentielles de financement et des conseils sur la manière de les obtenir :

Subventions gouvernementales :

- Sources : Ministères de la Culture, organismes artistiques gouvernementaux.
  - Comment obtenir : Recherchez les programmes de subventions disponibles, vérifiez les critères d'éligibilité, préparez une proposition détaillée conformément aux exigences et soumettez-la dans les délais. Vérifiez aussi s'il y a des programmes de subventions en accord avec votre thématique. Cela pourrait ouvrir sur d'autres subventions que des subventions pour projets artistiques.

Subventions privées :

- Sources : Fondations privées, mécénat d'entreprises.
  - Comment obtenir : Identifiez les fondations ou entreprises qui soutiennent les arts ou les projets en relation avec votre thématique, créez un dossier de demande de financement professionnel, et suivez les protocoles spécifiques à chaque organisme.

Sponsors et partenariats :

- Sources : Entreprises locales, institutions culturelles, entreprises liées au secteur artistique.
  - Comment obtenir : Proposez des partenariats mutuellement bénéfiques, offrez des opportunités de visibilité en échange de soutien financier ou matériel.

Financement participatif (Crowdfunding) :

- Sources : Plateformes de crowdfunding comme Kickstarter, GoFundMe, Ulule ou KissKissBankBank.

  - Comment obtenir : Créez une campagne de financement participatif attrayante, décrivez votre projet, fixez des objectifs de collecte de fonds réalistes et proposez des contreparties attractives pour les contributeurs comme des affiches conçues à partir des oeuvres en exposition ou autres articles promotionnels. Vous pourriez aussi offrir une visite virtuelle exclusive que vous commenteriez, et ce, pour tous les participants.

Ventes d'oeuvres d'art :

- Sources : Ventes anticipées d'œuvres d'art, enchères, éditions limitées.

  - Comment obtenir : Mettez en vente des œuvres spécifiques pour lesquelles les fonds récoltés iront directement au financement de l'exposition.

Événements de collecte de fonds :

- Sources : Soirées de collecte de fonds, ventes aux enchères, concerts bénéfices.

  - Comment obtenir : Organisez des événements qui susciteront l'intérêt et la participation, en mettant en avant la cause artistique.

Prix et concours :

- Sources : Prix artistiques, concours financés par des organisations artistiques.

  - Comment obtenir : Participez à des concours ou demandez des prix qui incluent un financement pour la réalisation de votre exposition.

Location de l'espace :

- Sources : Espaces culturels, galeries, centres d'art.

  - Comment obtenir : Négociez les coûts de location ou explorez des partenariats qui pourraient réduire ou compenser ces coûts.

Lors de la recherche de financement, il est important d'adapter votre approche en fonction de chaque source potentielle. Préparez des propositions claires, décrivez votre projet de manière convaincante et soyez prêt à démontrer l'impact positif de votre exposition. La diversification des sources de financement peut également renforcer la stabilité financière de votre projet artistique.

1.5 Créer un échéancier

La création d'un échéancier détaillé est essentielle pour assurer une planification efficace de votre exposition de peinture. Voici comment élaborer un échéancier cohérent pour chaque étape du processus, y compris la période préparatoire :

Période préparatoire

- Explorer les options de financement disponibles, telles que les subventions artistiques et le mécénat.
- Établir un budget détaillé en tenant compte de toutes les dépenses prévues.

Déterminez les étapes clés

Identifiez les principales étapes de la préparation de votre exposition, telles que la création des œuvres, la planification de la promotion, la mise en place de l'exposition, etc. Divisez ces grandes étapes en tâches plus petites et spécifiques.

Assignez des dates buttoirs

Attribuez des dates limites réalistes à chaque tâche. Tenez compte du temps nécessaire pour chaque étape, en accordant une marge de manœuvre pour les imprévus et les retards éventuels.

Priorisez les tâches

Identifiez les tâches critiques qui doivent être accomplies en premier et celles qui peuvent être réalisées simultanément. Assurez-vous de donner la priorité aux activités qui ont un impact direct sur la réussite de l'exposition.

Révisez et ajustez

Revoyez régulièrement votre échéancier pour vous assurer que vous êtes sur la bonne voie. Si nécessaire, ajustez les dates limites ou réorganisez les tâches pour tenir compte des changements imprévus ou des nouveaux développements. Vos oeuvres devraient être terminées au moins un mois avant l'exposition. Vous aurez ainsi le temps de bien exécuter vos autres tâches, principalement pour la promotion.

Exemple d'échéancier

Semaine 1

- Conception du projet
- Recherche de la thématique

Semaine 2

- Budget
- Échéancier

Semaine 3 et 4

- Recherche d'un lieu d'exposition
- Début de la production des oeuvres

Semaine 5 à 8

- Production des oeuvres

Semaine 9 et 10

- Production des oeuvres
- Sélection des cadres et supports

Semaine 11

- Finaliser les oeuvres
- Photographie des oeuvres

Semaine 12

- Production du matériel de promotion
- Début de la promotion

Semaine 13

- Relations avec la presse et lancement de la promotion sur les réseaux sociaux

Semaine 14

- Continuer la promotion
- Finaliser la préparation du vernissage et des activités

Semaine 15

- Installation de l'exposition
- Vernissage

Semaine 16+

- Démontage
- Transport des oeuvres vers les clients

Conseils pour un échéancier réussi

- Flexibilité : Soyez prêt à ajuster votre échéancier en fonction des changements de circonstances.
- Communication : Assurez-vous que toutes les personnes impliquées dans l'exposition sont informées des délais et des attentes.
- Organisation : Utilisez des outils de gestion de projet ou des calendriers partagés pour suivre vos progrès et rester organisé si vous êtes plusieurs à travailler à la préparation.
- Célébration des jalons : Prenez le temps de célébrer chaque étape accomplie pour maintenir un sentiment de progression.

En élaborant un échéancier détaillé et en vous y tenant, vous maximiserez votre efficacité dans la préparation de votre exposition de peinture, vous assurant ainsi une expérience réussie du début à la fin.

02

CRÉATION artistique

2.1 Créer les oeuvres

Il s'agit ici sûrement de votre partie préférée, créer les oeuvres. Si vous avez envie de vous éclater dans la création, il faut tout de même réfléchir à certains aspects.

Lorsque vous créez des œuvres pour une exposition d'art thématique spécifique, plusieurs éléments méritent votre attention afin de garantir la cohérence et l'impact de l'ensemble. Utilisez une *Approche Artistique Harmonisée*. D'abord, assurez-vous de bien comprendre la thématique de l'exposition. La clarté sur le sujet guidera la création de vos œuvres et renforcera la connexion avec le public.

Maintenez une homogénéité dans votre style artistique et votre esthétique visuelle pour que les œuvres s'harmonisent et forment un ensemble visuellement cohérent. Considérez les dimensions et les formats des œuvres en fonction de l'espace d'exposition. Des œuvres surdimensionnées peuvent dominer l'espace, tandis que des œuvres plus petites pourraient être perdues dans un grand environnement. Mais il faut également penser aux coûts engendrés pour la réalisation et au prix qu'il faudra vendre les oeuvres. Réfléchissez à votre public cible et ajustez les prix en conséquence. Assurez-vous que les œuvres sont accessibles, mais veillez à ce que leur valeur artistique soit également respectée.

Assurez-vous que la palette de couleurs de vos œuvres s'harmonise avec la thématique de l'exposition. La cohérence chromatique renforce l'impact visuel général. Si la thématique de l'exposition demande une narration particulière, assurez-vous que chaque œuvre contribue à cette histoire globale. Soyez sensible aux implications culturelles ou historiques. Évitez tout malentendu ou interprétation inappropriée.

Assurez-vous que vos œuvres apportent une contribution originale à la thématique. Évitez la redondance avec d'autres artistes qui participent à la même exposition si c'est le cas. Bien que la cohérence soit importante, veillez à ce qu'il y ait une variété d'approches et d'expressions artistiques au sein de l'ensemble. Cela rendra l'exposition plus dynamique.

Si possible, envisagez des éléments interactifs ou participatifs qui engagent le public et renforcent l'expérience globale de l'exposition. Par exemple, lors d'une journée définie, vous pourriez préparer un sketch sur un grand canevas et laisser à la disposition des visiteurs des pinceaux et de la peinture afin qu'ils puissent participer à la création d'une oeuvre collective inspirée de votre exposition.

Enfin, pensez à la logistique d'installation des œuvres. Choisissez des formats et des matériaux qui facilitent le processus d'installation dans le lieu d'exposition. Le poids des oeuvres, une fois encadrées, peut être déterminant au moment de l'accrochage. N'oubliez pas de vérifier le système d'ancrage de chacun des tableaux. Soyez certain qu'ils sont bien fixés, en bon état et adaptés au poids de l'oeuvre. Pensez aussi au nombre d'oeuvres nécessaires pour une exposition complète. Règle générale, on pensera à préparer une vingtaine d'oeuvres pour une exposition de groupe et une quarantaine pour une exposition solo.

En résumé, la création d'œuvres pour une exposition thématique nécessite une compréhension approfondie de la thématique, une cohérence artistique, et une attention particulière à des éléments tels que les formats, les prix, les couleurs, l'histoire, et l'engagement du public. L'objectif est de créer un ensemble d'œuvres qui enrichissent l'expérience globale de l'exposition et communiquent de manière puissante le message ou l'idée derrière la thématique. Et n'oubliez pas de prévoir et de respecter le calendrier pour terminer les œuvres à temps.

Approche Artistique Harmonisée

Nom de l'artiste : ______________________________

Titre de l'exposition : ______________________________

Date de l'exposition : ______________________________

Lieu de l'exposition : ______________________________

Création des oeuvres

Thématique : ______________________________

Mots-clés:

#____________. #____________. #____________. #____________

#____________. #____________. #____________. #____________

Narration :

____

____

____

Homogénéité artistique :

Style : ______________________________

Palette de couleurs :

____________ ____________ ____________

____________ ____________ ____________

____________ ____________ ____________

Dimensions et formats des oeuvres :

Formats : ________________ Nombre d'oeuvres : ________

Formats : ________________ Nombre d'oeuvres : ________

Formats : ________________ Nombre d'oeuvres : ________

Formats : ________________ Nombre d'oeuvres : ________

Formats : ________________ Nombre d'oeuvres : ________

Formats : ________________ Nombre d'oeuvres : ________

Formats : ________________ Nombre d'oeuvres : ________

Formats : ________________ Nombre d'oeuvres : ________

Nombre total des oeuvres : ___________________

Éléments Interactifs ou participatifs :

____

____

Logistique d'installation :

____

____

2.2 Photographier les oeuvres

Photographier les œuvres en vue d'une exposition de peinture est une autre étape importante. Ces photographies serviront à des fins promotionnelles, de documentation et peuvent également être utilisées pour des catalogues, des sites web ou d'autres supports de communication.

Les photographies de haute qualité sont essentielles pour la promotion de l'exposition, que ce soit sur des affiches, des dépliants, des annonces en ligne ou sur les réseaux sociaux. Des images nettes et attrayantes attirent l'attention du public.

Elles peuvent aussi être utilisées dans la création d'un catalogue d'exposition imprimé ou en ligne. Elles permettent aux visiteurs de prévisualiser les œuvres avant la visite ou peuvent devenir des souvenirs de l'événement. Vous pouvez utiliser les photographies pour mettre à jour votre site web et créer votre portfolio en ligne et attirant un public plus large.

Vous aurez besoin de ces photos pour alimenter votre dossier de presse pour les médias. Des photographies de qualité facilitent la couverture médiatique.

Vous pouvez aussi partager les photographies sur vos comptes de médias sociaux pour susciter l'intérêt et l'engagement avant, pendant et après l'exposition.

Les photos peuvent également être utilisées pour en faire des NFT's, des cartes postales ou des affiches à vendre durant l'exposition.

En somme, il ne faut surtout pas négliger une prise de photos de qualité pour assurer le succès de votre exposition.

Comment photographier les œuvres :

Utilisez un bon éclairage :

- Photographiez les œuvres dans une lumière naturelle ou utilisez un éclairage artificiel diffus et uniforme pour éviter les ombres indésirables.

Utilisez un trépied :

- Utilisez un trépied pour éviter les flous et garantir des images nettes, en particulier si vous utilisez une exposition plus longue pour compenser un faible éclairage.

Mise au point précise :

- Assurez-vous que la mise au point est précise pour capturer les détails de l'œuvre. Utilisez la fonction de mise au point manuelle si nécessaire.

Utilisez un fond neutre :

- Photographiez les œuvres sur un fond neutre pour éviter toute distraction. Un fond blanc ou gris neutre est souvent préférable.

Cadrez correctement :

- Cadrez les œuvres de manière à ce qu'elles occupent la majorité de l'image, en évitant tout espace vide excessif.

Évitez les reflets :

- Évitez les reflets indésirables en positionnant l'éclairage de manière à minimiser les reflets sur la surface de la peinture.

Utilisez un appareil de haute qualité :

- Utilisez un appareil photo de haute qualité pour garantir des images nettes et riches en détails. Les smartphones modernes peuvent également produire des résultats très satisfaisants.

Photographiez en RAW :

- Si possible, photographiez en format RAW pour conserver un maximum d'informations et permettre une post-production plus avancée.

Post-production :

- Après la prise de vue, effectuez une post-production pour ajuster la luminosité, le contraste et la balance des couleurs si nécessaire. Assurez-vous que la couleur des œuvres est représentée de manière précise.

En suivant ces conseils, vous pouvez capturer des images de haute qualité qui mettent en valeur le travail de l'artiste de manière attrayante et professionnelle. Vous pouvez aussi confier cette tâche à un professionnel, mais cela engendrera des coûts supplémentaires souvent substantiels.

03

PRÉPARATION matérielle

Préparation matérielle

Permis et autorisations :

- Assurez-vous d'obtenir les documents attestant que vous avez obtenu les autorisations nécessaires pour exposer dans un lieu spécifique, en particulier dans des endroits publics.

- Pensez aussi aux permis requis si vous pensez à offrir de l'alcool lors de votre vernissage ou lors d'une activité. Renseignez-vous auprès de la municipalité sur les règlements en vigueur.

Dossier technique :

- Un dossier technique détaillant les besoins spécifiques de l'exposition en termes d'éclairage, de chevalets ou système d'accrochage, d'espace, de sécurité, etc. peut être très utile.

Liste d'inventaire :

- Une liste détaillée de toutes les œuvres exposées, y compris les titres, dimensions, médiums, et numéros de catalogue est à réaliser.

- Préparez également une liste de prix des oeuvres pour informer les visiteurs lors de l'événement.

Contrat d'assurance de l'exposition :

- Contractez une assurance spécifique couvrant les œuvres pendant la durée de l'exposition si vous n'en possédez pas déjà une.

Registre de vente :

- Vous aurez besoin d'un registre détaillé des œuvres vendues, y compris les coordonnées de l'acheteur, le mode de paiement et le mode de transport.

Plan d'évacuation :

- Assurez-vous qu'un plan détaillé indiquant les sorties d'urgence, les zones de rassemblement et les procédures d'évacuation en cas d'urgence est disponible.

3.1 Cadres et supports

- Choisissez des cadres et des supports qui mettent en valeur les œuvres.
- Assurez-vous qu'ils sont solides et en bon état.

3.2 Étiquetage

- Créez des étiquettes claires avec le titre de l'œuvre, le nom de l'artiste (si c'est une exposition de groupe), le format et le prix. Vous trouverez un gabarit Canva prêt à l'emploi sur www.jodoinstudio.com. Il est gratuit.
- Assurez-vous aussi de préparer, pour chacune de vos oeuvres, un certificat d'authenticité (vous en trouverez plusieurs modèles sur jodoinstudio.com). Complétez le tout d'un court CV à remettre à votre client avec chaque achat.

3.3 Transport

- Planifiez le transport des œuvres de manière sécurisée. Emballez chacune de vos oeuvres séparément soit avec du papier bulle, du tissu ou du carton. Attention lors du transport que rien ne puisse abîmer vos oeuvres. Idéalement, transportez vos oeuvres à la verticale, sur la tranche. Si cela est impossible à cause du format, il est utile de placer de grands cartons solides entre chacune des toiles pour éviter que le coin d'une oeuvre entre en contact avec la toile d'une autre oeuvre créant ainsi des boursouflures ou un trou dans la toile.

3.4 Autres outils utiles

- Ajouter un "livre d'or" ou livre de signature à votre exposition est une pratique précieuse qui peut offrir plusieurs avantages significatifs. Non seulement cela permet aux visiteurs de laisser leurs commentaires et impressions sur votre travail, mais cela peut également constituer une ressource précieuse pour la promotion de futurs événements et le développement de votre réseau. Assurez-vous de laisser un espace afin que vos visiteurs puissent inscrire leur nom complet et leur adresse courriel. Cette dernière pourra être ajoutée à votre liste de courriels pour la promotion de vos événements et-ou l'envoi de votre infolettre si vous laissez aussi un espace pour que vos visiteurs donnent leur consentement pour recevoir vos promotions.

Prévoyez une petite trousse avec des crayons, un bloc note, un ruban à mesurer, un marteau, des clous, un chiffon de nettoyage, des crochets, du fil de fer, etc.

Pensez aussi à installer de petites tables pour disposer vos cartes de visites, votre livre de signatures, votre catalogue d'exposition, etc.

Prévoyez aussi quelques sièges pour les personnes à mobilité réduite, les personnes âgées ou les femmes enceintes, bref pour les personnes pour qui rester debout de longues minutes peut être difficile.

Avez-vous besoin de podiums pour des oeuvres en trois dimensions? De chevalets?

Pensez aux fournitures de premiers soins au cas où quelqu'un aurait besoin d'assistance médicale pendant l'événement.

Préparez votre cocarde d'identification. Il est important que les visiteurs puissent vous identifier facilement.

04

Promotion

Promotion

Il est suggéré de débuter votre promotion au minimum un mois avant votre exposition et de continuer à la promouvoir jusqu'au dernier jour de celle-ci.

Plan de communication :

- Préparez un document décrivant la stratégie de communication globale, y compris les canaux utilisés, les dates clés, etc.

Programme des événements spéciaux :

- Prévoir aussi un document détaillant tout programme d'événements spéciaux liés à l'exposition, tels que des conférences, des visites guidées, etc.

Il est préférable de se concentrer sur trois ou quatre activités de promotion bien planifiées et exécutées avec soin, plutôt que de multiplier les initiatives au risque de compromettre leur qualité. Mieux vaut privilégier la qualité à la quantité pour garantir l'efficacité de chaque activité et maximiser leur impact sur la visibilité et le succès de l'exposition.

4.1 Créer du matériel promotionnel

Il y a plusieurs façons de promouvoir votre exposition. Tel que déjà mentionné, avoir une thématique vous aidera à trouver un angle intéressant pour la promotion mais, dans tous les cas, il vous faudra au moins un peu de matériel promotionnel. Jodoin Studio a pensé à vous en vous offrant plusieurs gabarits Canva à personnaliser selon vos besoins en quelques minutes, et ce, à une fraction du prix qu'un graphiste pourrait demander pour une telle réalisation. Vous pourrez ensuite imprimer votre matériel à la maison, sur un site d'impression en ligne comme Vistaprint ou encore en confier l'exécution à votre imprimeur local.

Voici plusieurs outils qui pourraient vous être utiles. Choisissez ceux qui conviennent à la fois à vos objectifs et à votre budget.

- **Affiche d'exposition :** Certainement un des outils les plus utiles et nécessaires pour votre promotion. Concevez une affiche d'exposition pour annoncer votre événement dans les commerces locaux, à la bibliothèque, au centre de sport, à l'école locale... bref partout où il y a des passants et où le propriétaire vous permet de poser cette affiche au mur. Sur jodoinstudio.com, vous trouverez des gabarits d'affiches où il vous suffit d'inclure une ou quelques photos d'oeuvres de votre exposition, de modifier le titre de l'exposition, les dates et le lieu ainsi que votre nom. Grâce à un compte gratuit de Canva, vous pourrez créer votre affiche en moins de cinq minutes. Les gabarits sont proposés en diverses grandeurs, de 8,5 x 11 pouces (que vous pourrez imprimer autant de fois que vous le voulez sur votre imprimante maison) à 16 x 20 pouces. En choisissant un papier assez épais et de bonne qualité, vous obtiendrez des affiches professionnelles en un rien de temps.

- **Brochure artistique ou catalogue d'exposition :** Concevez une brochure détaillée sur votre parcours artistique, les influences derrière l'exposition, et une présentation individuelle de chaque œuvre ou créer un catalogue illustrant et détaillant toutes les oeuvres de votre exposition.

- **Cartes postales artistiques :** Concevez des cartes postales reprenant l'allure de votre affiche promotionnelle. Distribuez-les dans des endroits culturels locaux, comme des librairies, cafés et galeries d'art. En répétant le même design que vos affiches, vous créez une image qui marquera vos éventuels visiteurs. Les cartes postales sont peu dispendieuses à faire imprimer sur des sites comme Vistaprint et peuvent être distribuées par votre poste locale directement aux maisons ciblées par leur code postal. Vous pouvez ainsi rejoindre un marché cible précis à bon compte.

- **Minicartes promotionnelles :** Toujours à partir du même design, concevez de petites cartes promotionnelles au format d'une carte d'affaires. Encore plus économiques que les cartes postales, vous pourrez en laisser un peu partout durant les semaines qui précèdent votre exposition. Vous allez prendre un café au restaurant du coin, laissez une minicarte avec votre pourboire. Vous allez chez le dentiste, laissez une carte ou deux sur la table de la salle d'attente, vous allez chercher votre enfant à l'école ou à la garderie, donnez une carte à la personne qui l'accompagne en l'invitant à venir voir votre exposition avec une amie. Bref, il y a tant d'occasions où vous pourrez inviter les gens que vous rencontrez en leur laissant toutes les coordonnées voulues. Jodoin Studio a aussi pensé à créer des gabarits coordonnés pour ces petites cartes.

- **Cartes d'affaires :** N'oubliez pas de préparer des cartes d'affaires pour laisser sur place pendant l'exposition. En effet, il est bien possible qu'un visiteur ne puisse pas acquérir une de vos toiles pendant l'exposition, mais qu'il s'intéresse tout de même à votre production artistique et souhaite continuer à suivre votre carrière. Une simple carte d'affaires avec toutes vos coordonnées pourra lui rappeler les meilleures façons de le faire. Qui sait, peut-être cela mènera-t-il à une vente ultérieure ou encore ce visiteur deviendra-t-il un de vos meilleurs ambassadeurs.

4.2 Relations de presse

N'hésitez pas à contacter les médias locaux pour couvrir votre exposition. Que ce soit le journal local, les pages Facebook des quartiers environnants, la radio locale ou la radio étudiante, ces médias sont souvent à la recherche d'informations utiles pour leur auditoire.

Il vous faudra d'abord créer un bon dossier de presse.

- **Dossier de presse numérique et papier :** Préparez un dossier de presse numérique et une version papier comprenant des informations sur l'exposition, votre curriculum artistique, votre déclaration d'artiste et des images en haute résolution de certaines de vos oeuvres et une photo de vous-même. Ajoutez-y vos articles promotionnels. Et pourquoi ne pas ajouter un communiqué de presse prêt à l'emploi. Vous augmenterez vos chances d'intéresser les médias déjà surchargés qui ne demandent pas mieux qu'un petit coup de pouce.

- **Entrevues podcasts :** Participez à des podcasts locaux pour discuter de votre exposition, de votre processus créatif et des thèmes abordés.

- **Articles collaboratifs :** Proposez des articles collaboratifs aux médias locaux, mettant en lumière des sujets liés à l'art et à votre communauté artistique.

- **Critiques anticipées :** Si possible, invitez des critiques d'art à une visite préalable de l'exposition pour obtenir des critiques et des commentaires avant l'ouverture au public.
- **Invitations VIP :** Envoyez des invitations personnalisées aux journalistes, critiques d'art et influenceurs locaux, les invitant à une visite exclusive avant l'ouverture au public.
- **Ateliers pour journalistes :** Organisez des ateliers où les journalistes peuvent expérimenter votre processus créatif, ce qui peut générer des articles plus approfondis sur votre travail.
- **Collaboration avec blogueurs/influenceurs :** Invitez des blogueurs et influenceurs locaux à une visite privée et encouragez-les à partager leur expérience sur leurs plateformes en ligne.
- **Entrevues vidéo en direct :** Organisez des entrevues en direct sur des plateformes telles que YouTube ou Instagram, où les journalistes peuvent poser des questions en temps réel sur votre exposition.
- **Communiqués de presse thématiques :** Créez des communiqués de presse thématiques pour différentes phases de la préparation de l'exposition, offrant aux médias des angles d'histoire variés.

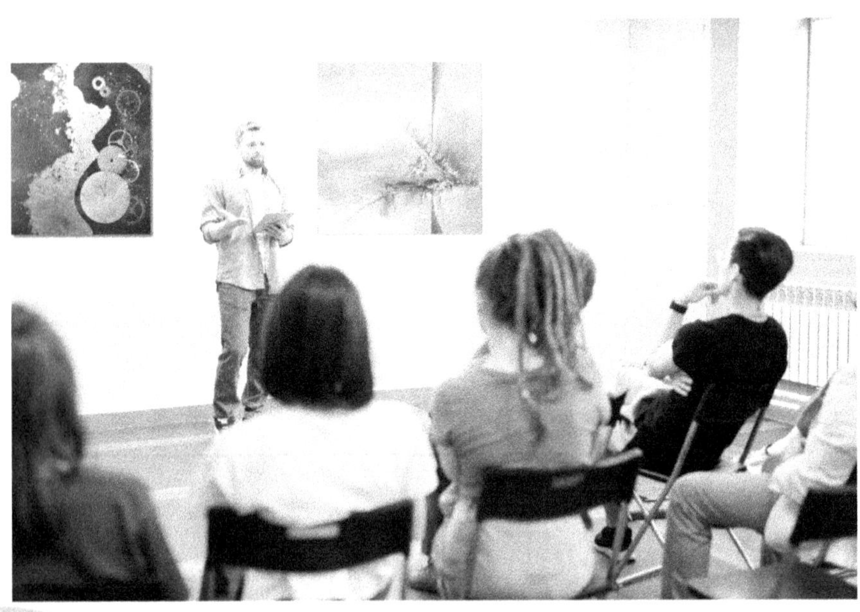

4.3 Promotion sur les réseaux sociaux

Stratégie de médias sociaux :

- Créez un document détaillant la stratégie de médias sociaux, y compris les fréquences de publication, les types de contenu, etc.

Quelques idées d'activités à faire sur vos médias sociaux :

- **Films courts :** Créez de courts métrages captivants sur Facebook et YouTube qui racontent l'histoire derrière chaque œuvre exposée, offrant ainsi un aperçu plus intime de votre processus artistique.
- **Concours de légendes :** Publiez des images de vos œuvres sur les réseaux sociaux et encouragez les abonnés à proposer des légendes créatives. Offrez des récompenses pour les meilleures propositions.
- **Événements en direct :** Planifiez des sessions en direct sur les réseaux sociaux où vous partagez des moments en coulisses, discutez de votre travail en temps réel ou répondez aux questions des abonnés.
- **Programme de parrainage :** Lancez un programme de parrainage sur les réseaux sociaux, où les abonnés peuvent inviter leurs amis à visiter l'exposition et bénéficier d'avantages exclusifs.
- **Démos en direct :** Organisez des démonstrations artistiques en direct sur les réseaux sociaux, créant ainsi un intérêt continu jusqu'à l'ouverture de l'exposition.
- **Concours en ligne :** Organisez un concours en ligne avec des prix liés à votre exposition, incitant ainsi les gens à partager vos publications sur les réseaux sociaux.

4.4 Autres activités promotionnelles possibles :

Il y a plusieurs autres activités possibles à faire avant ou durant votre exposition. Vous pourriez créer tout un programme qui servirait à rejoindre une clientèle fort variée. Voici quelques exemples d'activités à considérer.

- **Partenariats avec des écoles d'art :** Établissez des partenariats avec des écoles d'art locales pour encourager les étudiants à visiter l'exposition et à participer à des projets liés.
- **Soirée poésie :** Collaborez avec le club de poésie local et demandez aux membres d'écrire un poème à propos d'une de vos toiles qu'ils auront choisies. Faites imprimer les poèmes et affichez-les à côté des toiles choisies lors de l'exposition. Cela deviendra à la fois un événement pour vous et pour le club, vous ouvrant la porte à un nouvel auditoire. Les poètes pourront aussi donner une soirée poésie en récitant leurs poèmes lors d'une soirée spéciale ou lors du vernissage.
- **Série de podcasts artistiques :** Lancez vous-même une série de podcasts explorant les thèmes, le processus de création et les anecdotes derrière chaque œuvre. Partagez ces podcasts sur des plateformes telles que Spotify et Apple Podcasts.
- **Chasse au trésor numérique :** Concevez une chasse au trésor en ligne basée sur des indices cachés dans vos œuvres. Les participants peuvent gagner des prix liés à l'exposition.

- **Mur d'art collaboratif en ligne :** Créez une plateforme en ligne où les gens peuvent soumettre leurs propres œuvres inspirées de votre exposition. Affichez ces créations sur un mur virtuel.

- **Lancement de produits artistiques :** Si possible, concevez des produits dérivés de vos œuvres (affiches, aimants, autocollants, etc.) et organisez un lancement simultané avec l'exposition.

- **Créer une bande-annonce vidéo de l'exposition à partager sur les réseaux sociaux :** Produisez une courte vidéo mettant en valeur les œuvres et l'ambiance de l'exposition. Utilisez des plans dynamiques, de la musique captivante et des citations d'artistes pour susciter l'intérêt et encourager le partage sur les réseaux sociaux.

- **Organiser une soirée de musique live inspirée par l'exposition :** Organisez une soirée de musique live où les artistes interprètent des chansons ou des compositions inspirées par l'exposition. Cela crée une ambiance immersive qui complète l'expérience artistique.

- **Collaborer avec des écoles locales pour organiser des visites scolaires de l'exposition :** Invitez des écoles locales à visiter l'exposition en groupe. Cela expose les élèves à l'art et élève leur appréciation de la culture artistique.

- **Mettre en place un jeu de piste où les participants doivent trouver des indices cachés dans les œuvres d'art :** Créez un jeu de piste où les participants doivent trouver des indices cachés dans les œuvres d'art de l'exposition. Cela ajoute une dimension ludique à l'expérience de l'exposition.

- **Vente aux enchères d'une ou de quelques œuvres :** Organisez un encan silencieux pendant l'exposition, où les visiteurs peuvent enchérir sur une ou plusieurs œuvres sélectionnées. Cela crée un sentiment d'urgence et d'excitation autour de ces pièces uniques.

- **Visites de groupe d'aînés :** Organisez des visites spéciales pour les groupes de personnes âgées, offrant une expérience calme et adaptée à leurs besoins. Cela peut être une opportunité pour eux de socialiser et de s'engager avec l'art dans un cadre confortable.

- **Collaborer avec un auteur pour un lancement de livre au cours de l'exposition :** Créer un partenariat avec un auteur local pour organiser un lancement de livre qui coïncide avec l'exposition. L'auteur peut parler de son livre et de son processus d'écriture, tandis que les visiteurs peuvent explorer l'exposition en parallèle.

- **Atelier de création de cartes artistiques :** Organisez un atelier lors duquel les participants peuvent créer leurs propres cartes artistiques inspirées par l'exposition. Cela leur permet de mettre en pratique leur créativité tout en repartant avec une œuvre personnelle.

- **Projection de films artistiques :** Organisez des projections de films artistiques dans l'espace d'exposition, mettant en vedette des documentaires sur des artistes célèbres ou des films expérimentaux liés à l'art contemporain.

- **Séance de yoga ou de méditation guidée dans l'espace d'exposition :** Offrez des séances de yoga ou de méditation guidée dans l'espace d'exposition, permettant aux participants de se connecter avec les œuvres d'art de manière contemplative.

- **Concours de dessin en direct :** Organisez un concours de dessin en direct où les participants sont invités à créer des croquis inspirés par l'exposition dans un temps limité. Les dessins peuvent être exposés et votés par les visiteurs.

- **Table ronde sur un sujet artistique spécifique :** Organisez une table ronde réunissant des experts et des passionnés pour discuter d'un sujet artistique spécifique abordé dans l'exposition. Cela peut être une opportunité d'explorer des concepts artistiques en profondeur.

- **Soirée de dégustation de vin et d'art :** Organisez une soirée spéciale où les visiteurs peuvent déguster du vin tout en appréciant l'art. Associez chaque vin à une œuvre spécifique et invitez un sommelier à guider la dégustation.

- **Concours de photographie de l'exposition :** Lancez un concours de photographie où les participants sont invités à capturer les moments forts de l'exposition. Les meilleures photos peuvent être exposées ensuite sur votre site web.

- **Journée de collecte de fonds pour une organisation caritative :** Organisez une journée spéciale où une partie des ventes d'œuvres est reversée à une organisation caritative locale. Cela permet de soutenir une cause importante tout en attirant un public engagé.

- **Dégustation de produits locaux :** Organisez une dégustation de produits locaux en partenariat avec des producteurs artisanaux, tels que des chocolatiers, des brasseries locales ou des artisans de la gastronomie. Cela crée une expérience sensorielle immersive qui complète l'appréciation de l'art visuel.

- **Séance de création d'haïkus ou de poèmes courts inspirés par l'exposition :** Organisez une séance au cours de laquelle les visiteurs sont invités à écrire des haïkus ou des poèmes courts inspirés par les œuvres et les thèmes de l'exposition. Cela offre une expérience littéraire et créative.

- **Exposition de compositions florales inspirées par l'exposition :** Collaborer avec un ou plusieurs fleuristes locaux afin qu'ils créent une ou plusieurs compositions florales inspirées de toiles de l'exposition. Cela offre une expérience artistique sensorielle et esthétique. Cela pourrait aussi devenir un concours entre les fleuristes. Depuis près de 40 ans, le musée de Young de San Francisco organise un tel événement chaque année et c'est grandiose. Pourquoi ne pas s'en inspirer?

Il y a tant de possibilités de promotion d'une exposition d'art. Pourquoi ne pas demander à vos parents et amis de faire un remue-méninges avec vous pour trouver des idées nouvelles. En incorporant ces éléments à votre stratégie promotionnelle, vous maximiserez la visibilité de votre exposition, attirerez différents types de public et susciterez l'intérêt des médias.

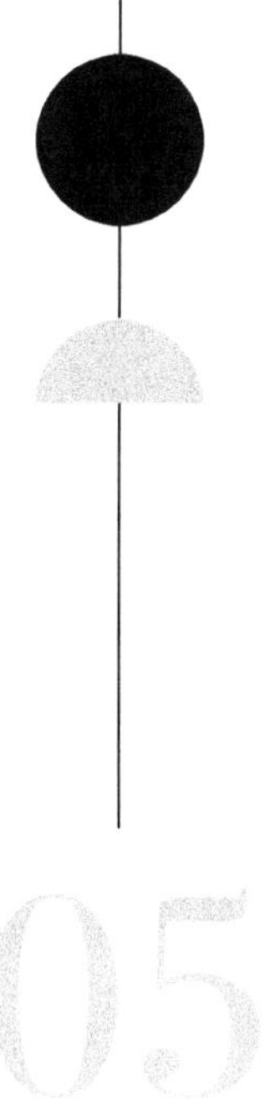

05

Installation

5.1 Disposition des oeuvres

- Planifiez la disposition des œuvres dans l'espace d'exposition.
- Assurez-vous que chaque œuvre est bien éclairée.
- Faites attention au poids des oeuvres. Si votre système d'ancrage n'est pas adéquat, une oeuvre pourrait tomber et s'abîmer, sans compter qu'elle pourrait aussi blesser quelqu'un.
- N'oubliez pas d'ajouter une étiquette avec le titre de l'oeuvre, le médium utilisé, le format et le prix.

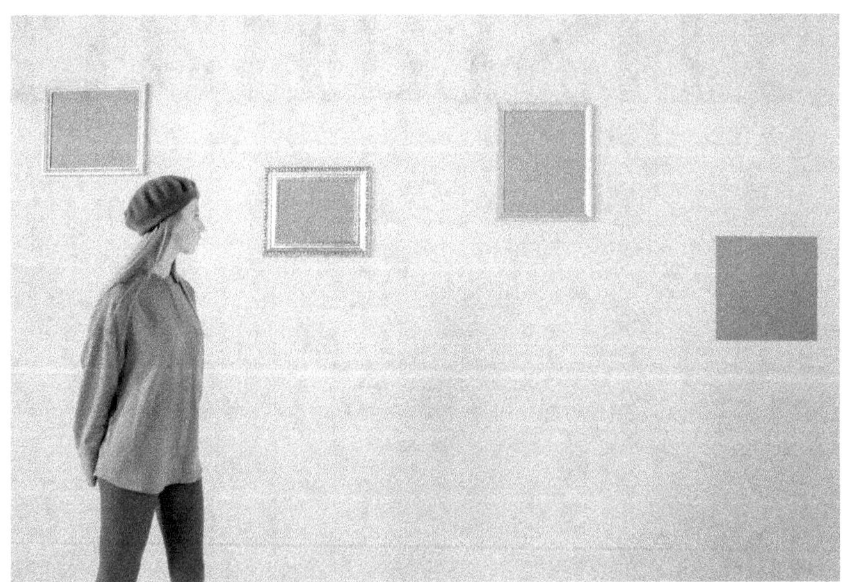

5.2 Cartels Informatifs

Placez des cartels informatifs près des œuvres pour expliquer le contexte. Lorsque les visiteurs comprennent l'origine et le processus, une oeuvre devient d'autant plus intéressante. Comme vous ne pourrez pas expliquer chacune de vos oeuvres à chaque visiteur, les cartels sont là pour le faire.

Leur utilité est multiple et peut être abordée sous différents angles :

- **Engagement du public :** En fournissant des informations intéressantes sur les œuvres, les cartels peuvent susciter l'intérêt du public et encourager l'engagement avec l'art. Les visiteurs sont plus susceptibles de s'attarder devant une œuvre s'ils ont un contexte pour l'apprécier.

- **Éducation :** Les cartels informatifs offrent une opportunité d'éducation, permettant aux visiteurs d'en apprendre davantage sur les techniques artistiques, les influences et les concepts derrière chaque œuvre. Cela contribue à enrichir l'expérience des spectateurs et à approfondir leur appréciation de l'art.

- **Promotion des artistes :** Les cartels permettent aux artistes d'exposer leur travail de manière professionnelle et de présenter leur parcours artistique au public.

- **Orientation :** En plus de fournir des informations sur les œuvres, les cartels peuvent également servir à orienter les visiteurs dans l'exposition, en indiquant la direction à suivre ou en identifiant des points de repère clés. Cela facilite la navigation et l'exploration de l'exposition pour le public.

Les cartels informatifs sont très utiles dans une exposition d'art, offrant un contexte et des informations essentielles aux visiteurs tout en contribuant à l'engagement, à l'éducation et à la promotion des artistes.

5.3 Signalisation

Lorsque vous organisez une exposition d'art, la signalisation autour de l'événement est un autre élément essentiel pour assurer le bon déroulement de celui-ci. Voici pourquoi la signalisation aux alentours de l'exposition est si importante :

- **Visibilité :** Des panneaux et des bannières bien placés dans les environs de l'exposition attirent l'attention des passants et les dirigent vers l'emplacement de l'événement. Une signalisation claire et visible depuis la rue peut considérablement augmenter le nombre de visiteurs potentiels.
- **Orientation :** Une fois que les visiteurs sont à proximité de l'exposition, une signalisation directionnelle les guide efficacement vers l'entrée de l'événement. Des flèches indiquant le chemin à suivre et des panneaux avec le nom de l'exposition ou le logo de l'artiste aident les visiteurs à trouver leur destination rapidement et facilement.
- **Informations pratiques :** En plus de diriger les visiteurs vers l'exposition, la signalisation peut également fournir des informations pratiques telles que l'emplacement des parkings, des toilettes, du comptoir de vente, etc. Cela facilite la visite pour les participants et améliore leur expérience globale.
- **Identification :** Des panneaux avec le titre de l'exposition, le nom de l'artiste ou d'autres informations pertinentes permettent aux visiteurs de confirmer qu'ils sont au bon endroit. Cela évite toute confusion et assure une expérience sans accroc dès le départ.

Ne négligez pas cet aspect très terre-à-terre, mais essentiel.

06

Vernissage

6. Le vernissage

Le vernissage marque souvent le point culminant de toute exposition artistique, offrant une occasion unique de célébrer le travail de l'artiste et de partager sa vision avec le public. Cet événement d'ouverture, généralement associé à une ambiance festive et conviviale, constitue bien plus qu'une simple formalité ; il incarne l'esprit même de l'exposition et joue un rôle crucial dans son succès global.

Tout d'abord, il offre à l'artiste l'opportunité de présenter son travail dans un cadre formel, permettant aux visiteurs de découvrir les œuvres en avant-première et d'interagir directement avec le créateur des oeuvres. C'est également un moment privilégié pour l'artiste de partager son processus de création, ses inspirations et les histoires derrière chaque œuvre, établissant ainsi un lien personnel avec le public et enrichissant l'expérience générale de l'exposition.

En outre, le vernissage crée un sentiment d'anticipation et d'excitation autour de l'exposition, attirant l'attention des médias, des collectionneurs et des amateurs d'art. C'est une occasion unique de générer un buzz autour de l'événement et de stimuler l'intérêt du public, ce qui peut se traduire par une affluence accrue tout au long de la durée de l'exposition. Enfin, le vernissage offre aux organisateurs de l'exposition l'occasion de remercier les contributeurs, les commanditaires et les partenaires, ainsi que de renforcer les liens avec la communauté artistique locale.

En somme, le vernissage est bien plus qu'une simple formalité ; c'est un moment de célébration, de partage et de connexion qui joue un rôle essentiel dans le succès et l'impact d'une exposition artistique. Dans cette section, nous explorerons les éléments clés pour planifier et organiser un vernissage mémorable, ainsi que les meilleures pratiques pour assurer son succès et sa pertinence dans le contexte de votre exposition.

6.1 Accueil des invités

- Créez une ambiance accueillante dès l'entrée de l'exposition en utilisant des éléments décoratifs en lien avec le thème de l'événement.
- Nommez un hôte ou une hôtesse pour accueillir personnellement chaque invité à leur arrivée, en leur offrant un programme de l'exposition ou toute autre information pertinente.
- Assurez-vous que l'espace d'accueil est bien éclairé et facilement accessible, avec des panneaux directionnels clairs pour guider les invités vers les différentes sections de l'exposition.
- Si possible, prévoyez un vestiaire où les invités peuvent déposer leurs manteaux et leurs sacs et assurez-vous qu'il soit surveillé en tout temps.
- Créez une ambiance musicale douce et agréable pour accueillir les invités et créer une atmosphère détendue et conviviale.
- N'oubliez pas d'agrémenter l'événement de fleurs fraîches pour ajouter une touche d'élégance et de raffinement. En plus de leur beauté visuelle, elles diffuseront un parfum délicat et agréable, créant ainsi une atmosphère chaleureuse et accueillante pour les invités.
- Mettez à disposition des espaces de discussion informels où les invités peuvent se rencontrer, discuter et partager leurs impressions sur les œuvres exposées.
- Prévoyez des installations sanitaires propres et bien entretenues pour le confort des invités.

6.2 Votre discours

Lors du vernissage, le discours d'ouverture revêt une importance capitale, car il offre une opportunité unique de partager l'inspiration, les motivations et les histoires qui sous-tendent l'exposition, établissant ainsi une connexion profonde entre l'artiste et son public. Voici quelques conseils pour préparer votre discours :

- Personnalisez le discours d'ouverture en mettant en avant des anecdotes sur votre parcours artistique et les inspirations derrière les œuvres. Cela permettra de créer un lien émotionnel entre les invités et vous.

- Intégrez des remerciements chaleureux aux commanditaires, aux partenaires et à toute personne ayant contribué au succès de l'exposition.

- Profitez du discours pour expliquer la vision et la thématique de l'exposition, ainsi que les messages que vous cherchez à transmettre à travers vos créations.

- Encouragez l'interaction en posant des questions aux invités, en les invitant à partager leurs réflexions et leurs impressions sur les œuvres exposées ou la thématique.

- Terminez le discours sur une note inspirante en soulignant l'importance de l'art dans la société et en invitant les invités à explorer l'exposition et à vivre pleinement l'expérience artistique qui leur est offerte.

- Invitez-les aussi à signer votre livre d'or et à laisser leur courriel. Il s'agit là d'un outil des plus précieux pour la poursuite de la promotion de votre carrière. Avoir une liste des courriels des personnes qui s'intéressent déjà à l'art et à votre production est le meilleur outil qui soit pour créer des liens avec vos visiteurs et promouvoir vos futures activités.

6.3 Gestion des ventes

Voici quelques conseils pour prévoir un comptoir de vente bien équipé pour faciliter les transactions d'œuvres d'art lors de votre exposition, assurant ainsi une expérience d'achat fluide et professionnelle pour les visiteurs.

- Créez un catalogue des œuvres exposées avec des descriptions détaillées et des prix clairement indiqués. Ce catalogue peut être disponible en version imprimée ou en ligne pour permettre aux visiteurs de consulter les informations sur les œuvres même après le vernissage.

- Mettez en place un système de réservation ou de mise de côté pour les œuvres qui suscitent l'intérêt des visiteurs, mais qui ne peuvent pas être achetées immédiatement. Assurez-vous d'avoir un processus clair pour finaliser la transaction si nécessaire.

- Créez un espace dédié pour les transactions de vente, équipé d'un système de paiement sécurisé et de reçus pour chaque transaction. Assurez-vous que cet espace soit clairement identifié et facilement accessible aux visiteurs et qu'une personne de confiance est chargée de s'en occuper. N'oubliez pas aussi les autocollants rouges pour indiquer les toiles vendues sur les étiquettes d'identification.

- Proposez des options de livraison ou d'expédition pour les acheteurs qui ne peuvent pas venir chercher les œuvres acquises après l'exposition, en veillant à ce que les œuvres soient correctement emballées et assurées pendant le transport.

- Fournissez aux acheteurs potentiels des informations sur les politiques de retour et d'échange, ainsi que sur les services après-vente disponibles.

- Assurez-vous d'avoir préparé vos certificats d'authenticité pour chacune de vos oeuvres ainsi qu'un court curriculum vitae de promotion à inclure avec chaque vente. Jodoin Studio vous propose, encore une fois, des gabarits pour vous faciliter la tâche.

6.4 Conseils supplémentaires pour l'organisation du vernissage :

À faire :

- Créez un hashtag unique pour l'événement et encouragez les invités à partager leurs photos et leurs impressions sur les réseaux sociaux.
- Prévoyez des activités interactives, telles que des démonstrations d'art en direct ou des ateliers de création, pour stimuler l'engagement des invités et rendre l'événement mémorable.
- Mettez en place un coin photo avec un décor attrayant où les invités peuvent prendre des photos souvenirs à partager en ligne.
- Remerciez les invités pour leur présence à la fin de l'événement.

À ne pas faire :

- Ne négligez pas la sécurité des œuvres exposées. Assurez-vous d'avoir un personnel de sécurité suffisant pour surveiller les pièces précieuses et éviter les dommages accidentels.
- Évitez de surcharger l'espace avec trop de personnes. Assurez-vous de respecter les limites de capacité de la salle pour garantir le confort et la sécurité des invités.
- Évitez les retards excessifs dans le début du vernissage. Respectez l'heure indiquée sur les invitations pour montrer votre professionnalisme et votre engagement envers vos invités.
- Ne laissez pas les invités se sentir négligés. Assurez-vous de circuler parmi eux pour les accueillir personnellement et répondre à leurs questions ou préoccupations.

À ne pas oublier:

Musique :

- Système de sonorisation : Haut-parleurs, amplificateurs, câbles audio.
- Playlist préparée : Musique d'ambiance adaptée au thème de l'exposition et à l'atmosphère que vous souhaitez créer.
- Lecteur de musique : Ordinateur, lecteur MP3 ou smartphone avec une playlist préchargée.
- Option de musique live (facultatif) : Si vous prévoyez une performance musicale en direct, assurez-vous de coordonner avec les musiciens et de fournir l'équipement et l'espace nécessaires.

Nourriture et boissons :

- Pour une sélection traditionnelle, vous pouvez offrir une sélection de hors d'œuvres ou de petits-fours, des plateaux de fromages et de charcuteries, des canapés accompagnés de vin. Assurez-vous d'inclure des options pour les invités végétariens et végétaliens si nécessaire.
- Pour une sélection plus sucrée, vous pouvez offrir des petits gâteaux, biscuits, fruits et fromages accompagnés de thé et de café.
- Eau : Bouteilles d'eau plates et pétillantes.
- Verres : Verres à vin, verres à champagne, verres à eau.
- Si vous servez du thé et-ou du café, n'oubliez pas les tasses, le sucre et le lait.
- Prévoyez suffisamment de vaisselle et de couverts pour tous les invités.

- Disposez les aliments sur des tables décorées avec des nappes propres et attrayantes.
- Glace : Ayez assez de glace pour rafraîchir les boissons tout au long de l'événement et une façon de conserver la glace supplémentaire nécessaire.
- Seau à glace et pinces : Pour maintenir les bouteilles de vin et de champagne au frais.
- Évitez les aliments qui se renversent facilement, qui font trop de miettes ou qui dégagent une forte odeur.
- N'oubliez pas de prévoir des options pour les invités avec des allergies ou des restrictions alimentaires spécifiques.

Le buffet lors du vernissage ne constitue pas seulement un aspect culinaire de l'événement, mais revêt également une grande importance dans l'impression globale laissée aux invités. En plus de satisfaire les papilles des convives, un buffet bien organisé et esthétiquement présenté témoigne de l'attention aux détails et du professionnalisme de l'organisateur. Il crée une atmosphère accueillante et conviviale, encourageant les échanges informels et favorisant le réseautage entre les artistes, les visiteurs et les autres participants. Un buffet de qualité contribue à renforcer l'image de l'événement et à laisser une impression positive et mémorable sur tous les participants, ce qui peut influencer leur perception de l'exposition dans son ensemble.

07

APRÈS

l'exposition

7.0 Après l'exposition

Une fois l'exposition terminée, il est important de prendre certaines mesures pour clôturer l'événement de manière professionnelle et pour tirer parti de cette expérience. Voici ce qu'il faut faire après l'exposition :

Démontage et retrait des oeuvres :

- Organisez le démontage de l'exposition et le retrait des œuvres du lieu d'exposition.
- Assurez-vous que toutes les œuvres soient manipulées avec soin et en toute sécurité pendant le processus de démontage. Emballer les oeuvres vendues afin qu'elles soient prêtes au ramassage ou à l'expédition.

Stockage des oeuvres :

- Si les œuvres doivent être stockées temporairement, choisissez un endroit sûr et adapté à leur conservation.

Remerciements et suivi :

- Envoyez des remerciements personnalisés aux participants, aux commanditaires, aux partenaires et à tous ceux qui ont contribué au succès de l'exposition.
- Collectez les coordonnées des visiteurs intéressés par votre travail pour d'éventuelles communications futures.

Évaluation de l'exposition :

- Prenez le temps d'évaluer les performances de l'exposition en analysant les ventes, la fréquentation, les retours des visiteurs et les commentaires reçus.

- Identifiez les aspects positifs et les domaines à améliorer pour les futures expositions.

Documentation et archivage :

- Assurez-vous de documenter l'exposition en prenant des photos ou des vidéos des œuvres exposées, du vernissage et d'autres moments clés.

- Archivez tous les documents pertinents, y compris les contrats, les budgets, les communications et les rapports d'évaluation.

Promotion continue :

- Continuez à promouvoir votre travail et à maintenir l'engagement des visiteurs en partageant des mises à jour sur les réseaux sociaux, en publiant des articles ou en organisant des événements futurs.

- Utilisez les retours et les commentaires reçus pour affiner votre stratégie de promotion et améliorer votre travail artistique.

Planification de futures expositions :

- Utilisez les enseignements tirés de cette expérience pour planifier et préparer de futures expositions.

- Identifiez de nouveaux objectifs artistiques et explorez de nouvelles opportunités d'exposition pour continuer à développer votre carrière.

En suivant ces étapes après l'exposition, vous pouvez clôturer l'événement de manière professionnelle tout en capitalisant sur les enseignements et les opportunités qu'il a offerts. Chaque exposition est une occasion d'apprentissage et de croissance, et en restant engagé et réfléchi dans votre approche, vous pouvez continuer à évoluer en tant qu'artiste.

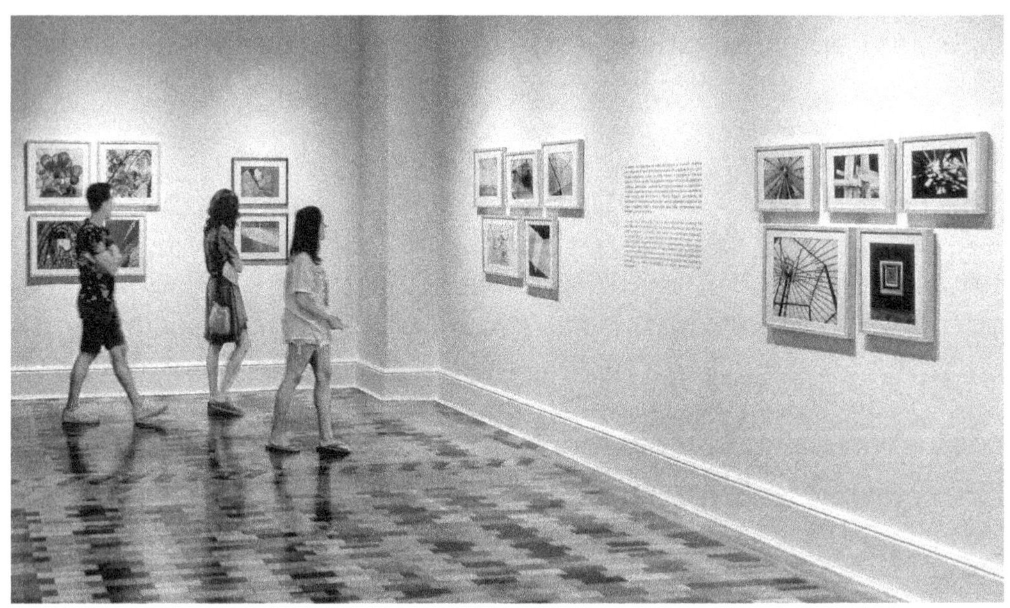

En conclusion, organiser une exposition de peinture, du début de la création jusqu'au vernissage, est un processus complexe, mais gratifiant pour un artiste. À travers ce guide, nous avons exploré chaque étape, en mettant en lumière l'importance de la planification, de la promotion et de l'exécution pour assurer le succès de l'événement.

Cependant, il est crucial de se rappeler que chaque artiste a des besoins et des objectifs différents. Bien que ce guide offre une structure et des conseils utiles, il est tout aussi important pour un artiste de prendre en main sa propre carrière et de créer ses propres opportunités. Parfois, cela peut commencer par des expositions plus courtes et moins complexes à organiser, afin de se familiariser avec le processus et de développer ses compétences en gestion d'événements.

L'essentiel est de savoir pourquoi vous créez une exposition. Est-ce pour partager votre vision artistique avec le monde, pour établir des connexions avec d'autres passionnés d'art, ou simplement pour vous exprimer et explorer de nouvelles idées? Peu importe la raison, l'important est d'être satisfait des résultats pour vous-même, plutôt que de chercher à impressionner les autres.

Le succès d'une exposition ne peut être mesuré uniquement par le nombre de visiteurs ou les ventes réalisées. Chaque expérience artistique est unique et précieuse à sa manière. Ce qui importe le plus, c'est que vous ayez été en mesure de partager votre travail avec le public et de créer des moments de connexion et de réflexion.

En fin de compte, que vous organisiez une petite exposition locale ou une grande exposition régionale, rappelez-vous que chaque étape du processus est une occasion d'apprentissage et de croissance en tant qu'artiste. Restez fidèle à votre vision, soyez ouvert aux défis et aux opportunités, et surtout, continuez à créer avec passion et authenticité.

Bonne chance !

EXPOSITION D'ART

Liste de vérification

Le projet

- Genre et clientèle définis
- Thématique trouvée
- Titre trouvé
- Échéancier fait
- Budget fait
- Financement trouvé
- Contrat de location signé

Les oeuvres

- Oeuvres photographiées
- Calendrier de création établi
- Oeuvres crées
- Oeuvres encadrées
- Système d'accrochage prévu
- Certificats d'authenticité faits
- Étiquettes et cartels prêts
- Liste de prix prête

Préparation matérielle

- Permis obtenus
- Dossier technique prêt
- Liste d'inventaire prête
- Police d'assurance prête
- Registre des ventes prêt
- Plan d'évacuation disponible
- Transport planifié
- Livre de signatures prêt
- Trousse de dépannage prête
- Cocarde d'identification prête
- ____________________
- ____________________
- ____________________

La promotion

- Programme d'activités prêt
- Supports promotionnels prêts
  - Affiche
  - Cartes postales et/ou dépliants...
  - Cartes d'affaires
  - CV promotionnel
  - Catalogue des oeuvres
  - ____________________
- Dossier de presse prêt
- Plan de communication prêt
- Posts sur réseaux sociaux programmés
- Dossiers de presse envoyés
- Annonces faites

Liste de vérification suite

L'installation

- Oeuvres accrochées
- Étiquettes placées
- Cartels installés
- Espace de vente prêt
- Système de paiement testé
- Signalisation installée
- Système de son installé
- ______________________________

Le vernissage

- Boissons et nourriture prêtes
- Musique prête
- Vestiaire prêt
- Personnel requis trouvé
- Coin photo prévu
- Discours prêt
- Activité prévue
- __________________________

Après l'exposition

- Oeuvres récupérées
- Remerciements envoyés
- Évaluation faite
- Documents archivés
- ________________________________
- ________________________________
- ________________________________
- ________________________________
- ________________________________
- ________________________________
- ________________________________
- ________________________________
- ________________________________

Autre

- ________________________________
- ________________________________
- ________________________________
- ________________________________
- ________________________________
- ________________________________
- ________________________________
- ________________________________
- ________________________________
- ________________________________
- ________________________________
- ________________________________
- ________________________________

Suivez-nous sur

www.jodoinstudio.com

https://www.instagram.com/jodoinstudio/

https://www.facebook.com/jodoinstudio

https://www.pinterest.ca/Jodoinstudio/

www.ingramcontent.com/pod-product-compliance
Lightning Source LLC
LaVergne TN
LVHW080817170826
845678LV00011B/2048